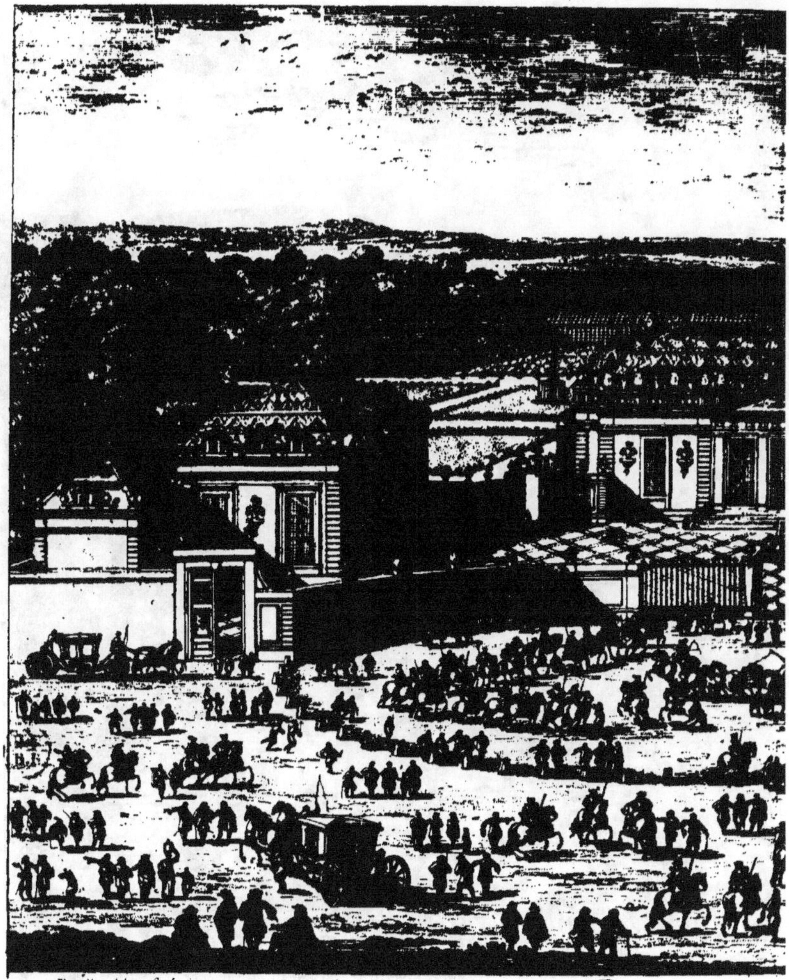

Perelle del. et sculp.
Veüe et Perspectiue de

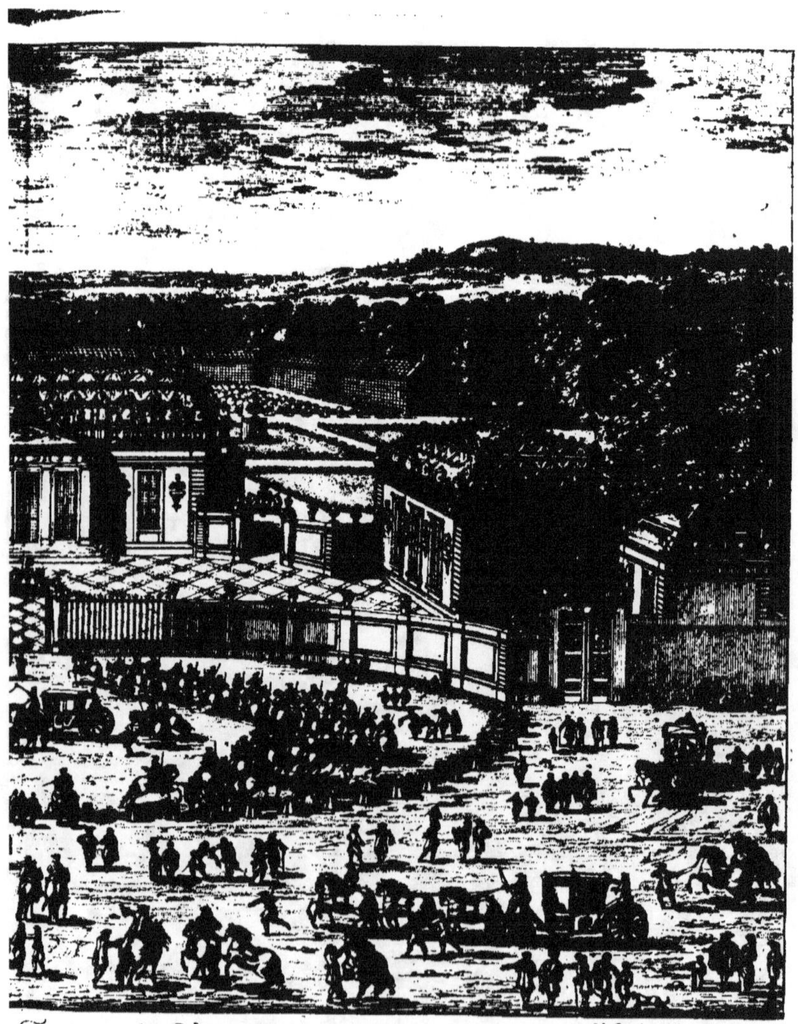

Trianon de Versailles
N. Poilly ex. c. p. regis.

LES FESTES
DE L'AMOUR
ET
DE BACCHUS.
PASTORALE.
REPRESENTE'E
PAR L'ACADEMIE ROYALE
DE MUSIQUE.

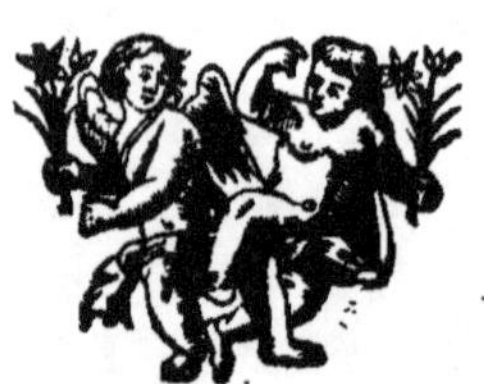

On la vend

A PARIS,

A l'entrée de la Porte de l'Academie Royale de Musique,
prés Luxembourg, vis à vis Bel-air.

MDCLXXII.

AVEC PRIVILEGE DV ROY.

PRIVILEGE DU ROY.

LOUIS par la grace de Dieu Roy de France & de Navarre, A
nos amez & feaux Confeillers, les gens tenans nos Cours de Parlement, Maiftres des Requeftes ordinaires de noftre Hoftel, & du
Palais, Baillifs, Senefchaux, & leurs Prevofts, & leurs Lieutenans,
& tous autres nos Jufticiers & Officiers qu'il appartiendra, Salut.
Noftre bien amé Jean-Baptifte Lully, Sur-Intendant de la Mufique de
noftre chambre, Nous a fait remontrer que les Airs de Mufique qu'il
a cy-devant compofez, ceux qu'il compofe journellement par nos ordres, & ceux qu'il fera obligé de compofer à l'avenir pour les Pieces
qui feront reprefentées par l'Academie Royale de Mufique, laquelle
nous luy avons permis d'établir en noftre bonne ville de Paris, & autres lieux de noftre Royaume où bon luy femblera, eftant purement
de fon invention, & de telle qualité que le moindre changement ou
obmiffion leur fait perdre leur grace naturelle; de forte que comme
fon efprit feul les produit pour les appliquer aux fujets qu'il y trouve
proportionnez, nul autre ne peut fi bien que luy rendre lefdits Ouvrages publics dans leur perfection & avec l'exactitude qui leur eft
deuë. Et d'ailleurs il eft jufte que fi leur impreffion doit apporter quelque avantage, il revienne plûtoft à l'Auteur pour le recompenfer de
fon travail, & de partie des frais qu'il avance pour l'execution des
deffeins qu'il doit faire reprefenter par ladite Academie, qu'à de fim-
ples copiftes qui les imprimeroient fous pretexte de permiffions gene-
rales ou particulieres qu'ils peuvent avoir obtenus par furprife ou autrement; ce qui l'oblige d'avoir recours à nos Lettres fur ce neceffaires. A ces causes, voulans favorablement traiter l'Expofant
Nous luy avons permis & accordé, permettons & accordons par ces
prefentes de faire imprimer par tel Libraire ou Imprimeur, en tel vo-
lume, marge, caractere, & autant de fois qu'il voudra avec Plan-
ches & figures, tous & chacuns les Airs de Mufique qui feront par
luy faits; comme auffi les Vers, Paroles, Sujets, Deffeins & Ouvrages fur lefquels lefdits Airs de Mufique auront efté compofez fans en
rien excepter, & ce pendant le temps de trente années confecutives, à
commencer du jour que chacun defdits Ouvrages feront achevez
d'imprimer, iceux vendre & debiter dans tout noftre Royaume, par
luy ou par autre ainfi que bon luy femblera, fans qu'aucun trouble ny

ā ij

empefchement quelconque luy puiffe eftre apporté, mefme par ceux qui pretendent avoir de nous privilege pour l'impreffion des Airs de Mufique & Ballets, lefquels pour ce regard en tant que befoin eft ou feroit, nous avons revoqué & revoquons par cefdites prefentes, faifant tres-expreffes inhibitions & défenfes à tous Libraires, Imprimeurs, Colporteurs, & autres perfonnes de quelque qualité qu'elles foient, d'imprimer, faire imprimer, vendre, & diftribuer lefdites Pieces de Mufique, Vers, Paroles, Deffeins, Sujets, & generalement tout ce qui a efté & fera compofé par ledit Lully fous quelque pretexte que ce foit, mefme d'impreffion étrangere & autrement fans fon confentement ou de fes ayans caufe, fur peine de confifcation des Exemplaires contrefaits, dix mil livres d'amende tant contre ceux qui les auront imprimez & vendus, que contre ceux qui s'en trouveront faifis, & de tous dépens, dommages & interefts à la charge d'en mettre deux Exemplaires en noftre Bibliotheque publique, un en noftre cabinet des Livres de noftre Chafteau du Louvre, & un en celle de noftre tres-cher & feal Chevalier garde des Sceaux de France le fieur d'Aligre, à peine de nullité des prefentes, du contenu defquelles vous mandons & enjoignons faire joüir l'Expofant & fes ayans caufe pleinement & paifiblement, ceffant & faifant ceffer tous troubles & empêchemens au contraire; Voulons qu'en mettant au commencement ou à la fin defdits Livres l'extrait des prefentes elles foient tenuës deuëment fignifiées, & qu'aux copies collationnées par l'un de nos amez & feaux Secretaires, foy foit ajoûtée comme à l'original. Mandons au premier noftre Huiffier ou Sergent faire pour l'execution des prefentes toutes fignifications, défenfes, faifies & autres actes requis & neceffaires, fans pour ce demander autre permiffion, nonobftant oppofitions ou appellations quelconques, dont fi aucunes interviennent, Nous nous en refervons & à noftre Confeil la connoiffance, & icelle interdifons & défendons à tous autres Juges. Car tel eft noftre plaifir. Donné à Verfailles le vingtiéme jour de Septembre l'an de grace mil fix cens foixante-douze, & de noftre regne le trentiéme. Signé, LOUIS; *Et plus bas,* Par le Roy, COLBERT. Et fcellé du grand Sceau de cire jaune.

Regiftré fur le Livre de la Communauté des Libraires & Imprimeurs de Paris, le 19. Octobre 1672. fuivant l'Arreft du Parlement du 8. Avril 1653. & celuy du Confeil Privé du Roy, du 27. Fevrier 1665. Signé. D. THIERRY, *Syndic.*
Achevé d'imprimer pour la premiere fois le 10. Novembre 1672.
Les Exemplaires ont efté fournis.

AVANT-PROPOS.

L ne suffit pas au *ROY* de porter
si loin ses *Armes*, & ses *Conque-*
stes, il ne peut souffrir qu'il y ait aucun avantage qui manque à la gloire & à la felicité de *Son Regne*, &
dans le mesme temps qu'il renverse les *Estats*
de ses *Ennemis*, & qu'il estonne toute la *Ter-*
re, il n'oublie rien de ce qui peut rendre la
France le plus florissant *Empire* qui fut jamais.
Le grand *Art* de la *Guerre* qu'il exerce avec
une *Ardeur Heroïque*, & où il fait des *Progrés*
si surprenants, n'est point capable de remplir la
vaste étenduë de *Son Application* infatigable :
Il trouve encore des soins à reserver pour les
plus beaux *Arts*, & il n'y en a point qui soit
digne de quelque estime qu'il ne favorise avec
une particuliere bonté. C'est ce que cette *Aca-*
demie Royale de Musique a le bon-heur d'é-

ā iij

prouver dans ſon établiſſement. Voicy un Eſ-
ſay qu'Elle s'eſt haſtée de preparer pour l'offrir
à l'impatience du Public. Elle a raſſemblé ce
qu'il y avoit de plus agreable dans les Diver-
tiſſements de Chambord , de Verſailles , & de
ſaint Germain ; & Elle a crû devoir s'aſſurer
que ce qui a pû divertir un MONARQUE
infiniment éclairé , ne ſçauroit manquer de
plaire à tout le Monde. On a eſſayé de lier
ces Fragmens choiſis , par pluſieurs Scenes nouvelles , on y a joint des Entrées de Balet , on
y a meſlé des Machines volantes , & des Decorations ſuperbes , & de toutes ces parties differentes on a formé une Paſtorale en trois Actes,
précedée d'un grand Prologue. Ce premier Spectacle ſera bien-toſt ſuivy d'un Autre plus magnifique, dont la perfection a beſoin encore d'un
peu de temps ; Cette Academie y travaille ſans
relaſche , & Elle eſt reſoluë de ne rien épar-
gner pour répondre le plus dignement qu'il luy
ſera poſſible à la Glorieuſe Protection dont Elle eſt honorée.

ACTEURS.

ACTEURS qui chantent dans le Prologue.

Deux Hommes du bel air.
Deux Femmes du bel air.
Vn Gentil-homme Gascon.
Le Baron d'Asbarat.
Vn Suisse.
Vn vieux Bourgeois babillard.
Vne vieille Bourgeoise babillarde.
La Fille du Bourgeois & de la Bourgeoise.
TROVPES de gens de differentes Provinces & de toute
  sorte de conditions.
POLYMNIE.
MELPOMENE. } *Muses.*
EUTERPE.
PERSONNAGES dançans dans le Prologue.
  Vn donneur de Livres.
  Quatre Importuns.
  Quatre Heros.
  Quatre Pastres.
  Quatre Ouvriers.

ACTEURS qui chantent dans la Pastorale.

TIRCIS.   *Berger amoureux de Caliste.*
LICASTE.
MENANDRE. } *Bergers amis de Tircis.*
CALISTE.   *Bergere aimée de Tircis.*
CLIMENE.   *Bergere aimée de Damon.*
FORESTAN.
SILVANDRE. } *Satires, amans de Caliste.*

TROIS SORCIERES.

DAMON.   *Berger amoureux de Climene.*

CLORIS.   }
SILVIE.   } *Bergeres, Compagnes de Caliste & de*
AMINTE.   } *Climene.*

ARCAS.   *Berger qui vient inviter d'aller à la Fe-*
               ste de l'Amour.

TROVPE de Bergers & de Bergeres qui chantent dans le
   Chœur de l'Amour.

TROVPE de Satires & de Bacchantes qui chantent dans le
   Chœur de Bacchus.

TROVPE de Pasteurs joüans des Instrumens dans le Chœur
   de l'Amour.

TROVPE de Silvains joüans des Instrumens dans le Chœur
   de Bacchus.

    PERSONNAGES dançans dans la Pastorale.

      Quatre Faunes.
      Quatre Driades.
      Deux Magiciens.
      Six Demons.
      Quatre Bergers.
      Quatre Bergeres.
      Quatre Satires.
      Quatre Bacchantes.

    PERSONNAGES des Machines.

SEPT DEMONS *volants.*

DEUX SIRENES.

UNE SORCIERE *volante.*

UN LUTIN *volant.*

La Scene de la Pastorale est en Arcadie.

PROLOGUE.

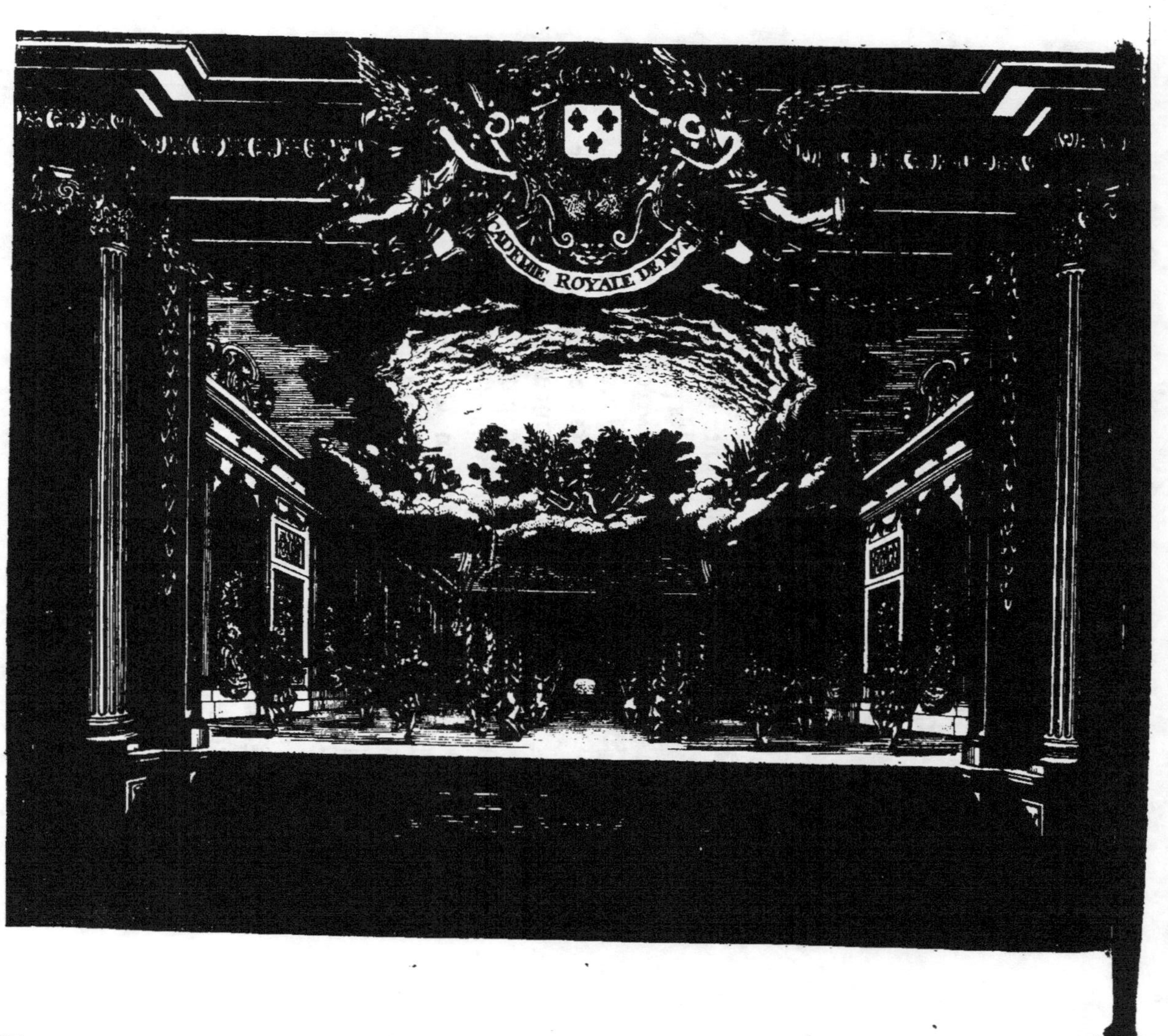
ADEMIE ROYALE DE M.

PROLOGVE.

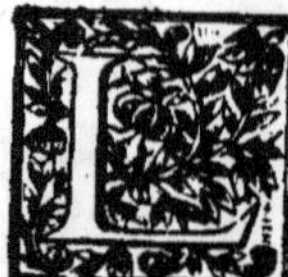A Scene represente une grande
Sale, où l'on void les plus superbes ornemens que l'Architecture
& la Peinture puissent former.
Elle est disposée pour un Spectacle magnifique, & l'on y void dans l'enfoncement un
grand Vestibule percé qui laisse paroistre un
superbe Palais au milieu d'un Jardin. On y
découvre une multitude de gens de Provinces differentes qui sont placez dans des Balcons aux deux costez du Theatre. Un Homme qui doit donner des Livres aux Acteurs
commence à dancer dés que la Toile est levée, toute la multitude qui est dans les Balcons s'écrie en musique pour luy demander
des Livres, mais il est détourné d'en donner
par quatre Importuns qui le suivent, & qui
l'environnent.

Le Theatre est une
grande Sale de Spectacles.

A

Tous ensemble.

A Moy, Monsieur, à moy de grace, à
moy Monsieur,
Un Livre, s'il vous plaist, à vostre serviteur.

Homme du bel air.

Monsieur, distinguez-nous parmy les gens qui
crient,
Quelques Livres icy, les Dames vous en prient.

Autre homme du bel air.

Hola Monsieur, Monsieur, ayez la charité
D'en jetter de nostre costé.

Femme du bel air.

Mon Dieu! qu'aux personnes bien faites
On sçait peu rendre honneur ceans?

Autre femme du bel air.

Ils n'ont des Livres & des bancs
Que pour Mesdames les Grisettes.

Gascon.

Aho! l'homme aux libres, qu'on m'en baille,
I'ay déja le poumon usé,
Bous boyez que chacun mé raille,
Et jè suis escandalisé
De boir és mains de la canaille
Ce qui m'est par bous refusé.

3
Autre Gascon.

Eh cadedis, Monseu, boyez qui l'on peut estre,
Un Libret, je bous prie, au Baron Dasbarat;
Ié pense, mordy, que le fat
N'a pas l'honneur dé mé connestre.

Le Suisse.

Mon'-sieur le Donneur de papieir,
Que veul dir sty façon de fifre?
Moy l'écorchair tout mon gozieir
A crieir,
Sans que je pouvre afoir ein lifre,
Pardy, mon foy, Mon'-sieur, je pense fous
l'estre ifre.

Le Donneur de Livres fatigué par les quatre
Importuns, se retire en colere.

Vieux Bourgeois babillard.

De tout cecy franc & net
Ie suis mal satisfait,
Et cela sans doute est laid
Que nostre fille
Si bien faite & si gentille
De tant d'amoureux l'Objet,
N'ait pas à son souhait
Un Livre de Balet
Pour lire le sujet
Du divertissement qu'on fait,

Et que toute noſtre famille
Si proprement s'habille,
Pour eſtre placée au ſommet
De la Sale, où l'on met
Les gens de l'entriguet.
De tout cecy franc & net
Ie ſuis mal ſatisfait,
Et cela ſans doute eſt laid.

Vieille Bourgeoiſe babillarde.

Il eſt vray que c'eſt une honte,
Le ſang au viſage me monte,
Et ce Jetteur de Vers qui manque au capital
L'entend fort mal,
C'eſt un brutal
Un vray cheval,
Franc animal,
De faire ſi peu de conte
D'une Fille qui fait l'ornement principal
Du quartier du Palais Royal,
Et que ces jours paſſez, un Comte
Fut prendre la premiere au Bal,
Il l'entend mal,
C'eſt un brutal,
Un vray cheval
Franc animal.

Hommes & femmes du bel air.

Ah quel bruit ;

    Quel fracas!

        Quel cahos !

           Quel mélange !

Quelle confusion !

      Quelle cohue étrange !

Quel defordre!

      Quel embaras !

On y feche ,

      L'on n'y tient pas.

Gafcon.

Bentre , jé fuis à vout.

Autre Gafcon.

    J'enrage , Dieu me damne.

Le Suiffe.

Ah que ly faire faif dans fty fal de cians.

Gafcon.

Jé murs.

Autre Gafcon.

Jé pers la tramontane.

Le Suiffe.

Mon foy , moy le foudrois eftre hors de dedans.

Vieux Bourgeois babillard.

Allons, ma mie,
Suivez mes pas,
Je vous en prie,
Et ne me quittez pas;
On fait de nous trop peu de cas,
Et je suis las
De ce tracas;
Tout ce fatras,
Cet embaras,
Me pese par trop sur les bras;
S'il me prend jamais envie
De retourner de ma vie
A Ballet ny Comedie,
Je veux bien qu'on m'estropie.
Allons, ma mie,
Suivez mes pas,
Je vous en prie,
Et ne me quittez pas,
On fait de nous trop peu de cas.

Vieille Bourgeoise babillarde.

Allons, mon mignon, mon fils,
Regagnons nostre logis,
Et sortons de ce taudis
Où l'on ne peut estre assis;

Ils seront bien ébobis
Quand ils nous verront partis :
Trop de confusion regne dans cette Sale,
Et j'aimerois mieux estre au milieu de la Hale :
Si jamais je reviens à semblable regale
Je veux bien recevoir des soufflets plus de six.
Allons, mon mignon, mon fils
Regagnons nostre logis,
Et sortons de ce taudis
Où l'on ne peut estre assis.

Le Donneur de Livres revient avec les quatre Importuns qui l'ont suivy, ce qui oblige encore ceux qui sont placez dans les Balcons de s'écrier.

Tous ensemble.

A moy, Monsieur, à moy de grace, à moy,
Monsieur,
Un Livre, s'il vous plaist à vostre serviteur.

Les quatre Importuns ayant pris des Livres des mains de celuy qui les donne, les distribuënt aux Acteurs qui en demandent ; cependant le Donneur de Livres dance, & les quatre Importuns se joignent avec luy, & forment ensemble la premiere Entrée.

PREMIERE ENTRE'E.

Le Donneur de Livres, quatre Importuns.

La Muse Polymnie qui preside aux Arts dépendants de la Geometrie, & qui a trouvé l'invention d'introduire sur le Theatre des Personnages qui expriment par les actions & par les dances ce que les autres expliquent par les paroles, s'avance environnée d'un nuage qui paroist d'abord fermé, & qui s'ouvrant peu à peu découvre la Muse au milieu de plusieurs ornemens de peinture & d'architecture. Elle excite ceux qui ont commencé de chanter d'une maniere comique à rechercher avec soin tout ce que l'on peut trouver de plus noble & de plus delicat dans le Chant.

Machine de Polymnie.

POLYMNIE.

*Eslevez vos concers
Au dessus du chant ordinaire ;
Songez que vous avez à plaire
Au plus grand ROY de l'Univers.*

Le

9

Le grand Titre de ROY n'eſt que ſa moindre
    gloire,
Il eſt encor plus grand par ſes Travaux Guer-
    riers;
Et ſa propre Valeur a cüeilly les Lauriers
Dont il eſt couronné des mains de la Victoire.

    Suivez la noble ardeur
      Qu'il Vous inſpire;
   Tout ce qu'on void dans ſon Empire
   Se doit ſentir de ſa grandeur.

MElpomene qui preſide à la Tragedie, & Euterpe qui a inventé l'Armonie paſtorale s'avancent ſur deux nuages. Melpomene paroiſt au milieu de pluſieurs Trophées d'armes; & Euterpe environnée de Feſtons & de Couronnes de fleurs. Elles ſont prece-dées de deux Symphonies oppoſées, dont l'une eſt tres-forte & l'autre extrémement douce, & qui forment une eſpece de combat, tandis que les deux Muſes viennent ſe placer aux deux côtez de Polymnie pour la prier d'em-bellir les Divertiſſemens qu'Elles veulent pre-parer.

Machines de Melpo-mene & d'Euterpe.

B

MELPOMENE.

Joignez à mes chants magnifiques
La pompe de vos ornemens ;

EUTERPE.

Joignez à mes concers rustiques
Vos agréments
Les plus charmants.

MELPOMENE.

Vostre secours m'est necessaire ;
Je cherche à divertir le plus Auguste Roy
Qui meritât jamais de tenir sous sa Loy
Tout ce que le Soleil éclaire.

LES DEUX MUSES ENSEMBLE.

C'est à moy, C'est à moy,
De pretendre à luy plaire.

MELPOMENE.

C'est moy dont la voix éclattante
A droit de celebrer les Exploits les plus grands ;
Les nobles recits que je chante
Sont les plus dignes jeux des fameux Conque-
rans.

EUTERPE.

C'est un doux amusement
Que d'aimables chansonnettes ;
Les douceurs n'en sont pas faites
Pour les Bergers seulement.

Les tendres amourettes
Que l'on chante à l'ombre des Bois
Sur les Musettes
Ne sont pas quelquefois
Des jeux indignes des grands Roys.

POLYMNIE.

Il faut entre mes sœurs que mon soin se partage:
Preparez tour à tour vos plus aimables jeux;
Pour vous accorder je m'engage
A vous seconder toutes deux.

EUTERPE.

Commencez de répondre à mon impatience.

MELPOMENE.

Vos premiers soins sont dûs à ce que j'entreprens.

POLYMNIE.

Terminez tous vos differents.
Souffrez qu'en sa faveur aujourd'huy je com-
mence,
Je reserve pour vous mes travaux les plus
grands.

Polymnie
dit ces
deux Vers
à Melpo-
mene.

Les trois Muses ensemble.
Que nostre accord est doux ?
Que tout ce qui nous suit s'accorde comme nous.

B ij

DEs Heros, des Paſtres, & des Ouvriers des Arts qui ſervent aux Spectacles, obeiſſent aux ordres des Muſes. Les Heros font une maniere de Combat avec leurs armes, les Paſtres joüent avec leurs baſtons, les Ouvriers travaillent aux Decorations de la Paſtorale que l'on prepare, & accordent le bruit de leurs Marteaux, Scies & Rabots, avec l'armonie des Violons & des Hautboits, & tous enſemble forment la ſeconde Entrée.

SECONDE ENTRE'E.

Quatre Heros. Quatre Paſtres, & quatre Ouvriers.

TOute la Troupe qui avoit commencé de chanter d'une maniere comique avant l'arrivée des trois Muſes, ſe ſentant animée par leur preſence, répond à leurs chants par des Chœurs.

Les trois Muses ensemble.

Joignons nos soins & nos voix
Pour plaire au plus grand des Roys.

Les Chœurs repetent.

Joignons nos soins & nos voix
Pour plaire au plus grand des Roys.

M E L P O M E N E.

Chantons la gloire de ses Armes.

Un Chœur repete le mesme Vers.

E U T E R P E.

Chantons la douceur de ses Loix.

Un Chœur repete le mesme Vers.

P O L Y M N I E.

Faisons tout retentir du bruit de ses Exploits.

Tous les Chœurs répondent.

M E L P O M E N E.

Formons des concers pleins de charmes.

E U T E R P E.

Faisons entendre nos Hautbois.

LEs Hautbois & les Musettes répondent, & cependant les Heros & les Pastres rentrent sur le Theatre avec les Ouvriers qui apportent des ornemens qu'ils ont faits pour servir à la Piece qui va commencer , & autour desquels les Heros & les Pastres dancent, tandis que les Muſes & tous les Chœurs continuënt leurs chants. Ce qui forme un jeu concerté des Muſes qui chantent dans leurs Machines au milieu des Nuages, de la Troupe qui leur répond, placée dans des Balcons, & des Heros, Paſtres, & Ouvriers, qui dancent ſur le Theatre.

Tous enſemble.
Faiſons tout retentir du bruit de ſes Exploits.

POLYMNIE.
Preparons des Feſtes nouvelles.

MELPOMENE.
Que nos Chanſons ſoient immortelles.

EUTERPE.
Que nos airs ſoient doux & touchants.

TOUS ENSEMBLE.
Meſlons aux plus aimables Chants
Les Dances les plus belles.
Joignons nos ſoins & nos voix.
Pour plaire au plus grand des Roys.

Fin du Prologue.

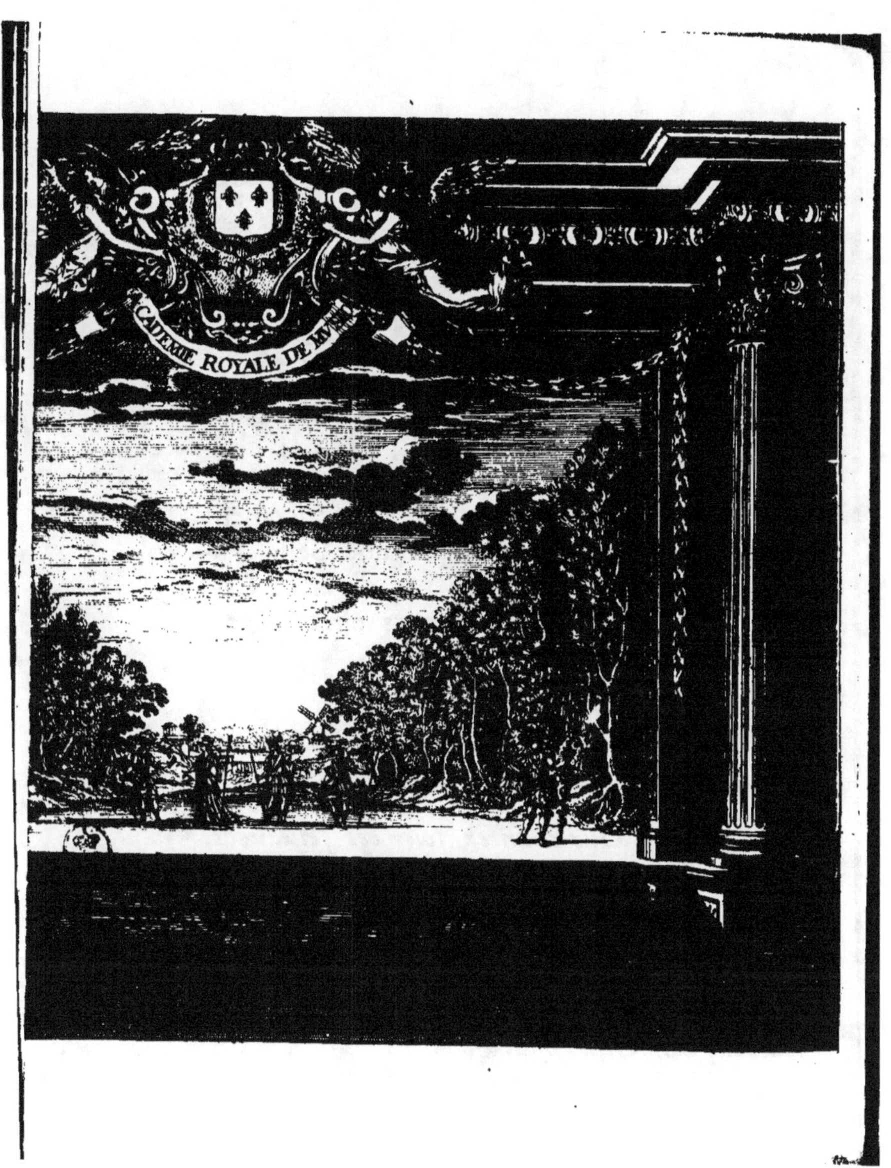
ACADEMIE ROYALE DE

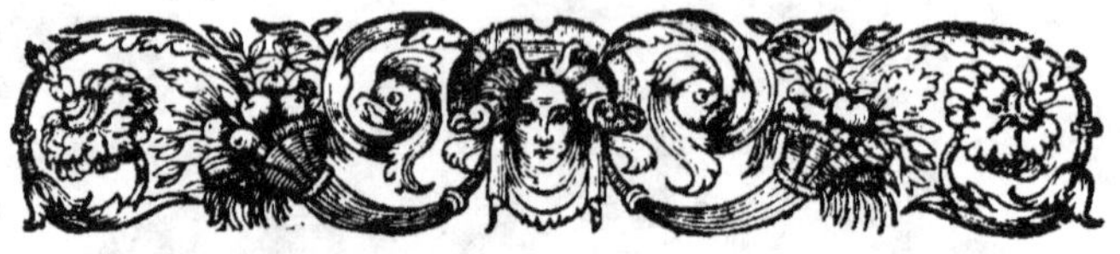

ACTE PREMIER.

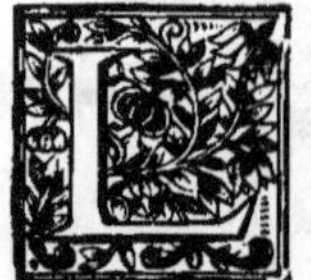

E Theatre change & represente une épaisse Forest, où des chûtes d'eaux coulent entre les Arbres : On void dans l'enfoncement deux Montagnes separées par une belle Valée où une Riviere tombe par diverses Cascades qui produisent plusieurs effets agreables & differents.

Le Theatre est une Forest.

SCENE PREMIERE.
TIRCIS.

Vous chantez, sous ces feüillages,
Doux Rossignols pleins d'amour,
Et de vos tendres ramages
Vous réveillez tour à tour
Les échos de ces bocages :
Helas ! petits oyseaux, helas !
Si vous aviez mes maux vous ne châteriez pas.

SCENE DEUXIESME.

LIÇASTE, MENANDRE, TIRCIS.

LICASTE.

H*E' quoy, toûjours languiſſant, ſombre, & triſte ?*

MENANDRE.

Hé quoy, toûjours aux pleurs abandonné ?

TIRCIS.

Toûjours adorant Caliſte,
Et toûjours infortuné.

LICASTE.

Domte, domte, Berger, l'ennuy qui te poſſede.

TIRCIS.

Et le moyen, helas !

MENANDRE.

Fay, Fais-toy quelque effort.

TIRCIS.

Eh le moyen, helas ! quand le mal eſt ſi fort ?

LICASTE.

Ce mal trouvera ſon remede.

TIRCIS.

Je ne gueriray qu'à ma mort.

Licaſte, & Menandre enſemble.
Ah Tircis !

TIRCIS.

TIRCIS.

Ah Bergers!

LICASTE, ET MENANDRE.

Pren fur toy plus d'empire.

TIRCIS.

Rien ne me peut plus fecourir.

LICASTE, ET MENANDRE.

C'eft trop, c'eft trop ceder.

TIRCIS.

C'eft trop, c'eft trop fouffrir.

LICASTE, ET MENANDRE.

Quelle foibleffe!

TIRCIS.

Quel martyre!

LICASTE, ET MENANDRE.

Il faut prendre courage.

TIRCIS.

Il faut plûtoft mourir.

LICASTE.

Il n'eft point de Bergere
Si froide, & fi fevere,
Dont la preffante ardeur
D'un cœur qui perfevere
Ne vainque la froideur.

C

MENANDRE.

Il est dans les affaires
Des amoureux mysteres,
Certains petits moments
Qui changent les plus Fieres,
Et font d'heureux Amants.

TIRCIS.

Je la voy, la Cruelle,
Qui porte icy ses pas,
Gardons d'estre veu d'elle,
  L'Ingrate, helas!
  N'y viendroit pas.

SCENE TROISIESME.

CLIMENE. CALISTE.

CLIMENE.

V Ien dans nostre Village :
    Voicy le Jour
Qu'on y doit celebrer la Feste de l'Amour.
  Que cherche-tu dans ce boccage ?

CALISTE.

Je cherche le repos, le silence, & l'ombrage.

CLIMENE.

Tu devrois bien plûtoſt ſonger
A t'engager.
Eh que peut faire
Une Bergere
Sans un Berger ?

CALISTE.

Ton malheur doit me rendre ſage :
Tu n'as choiſi qu'un Inconſtant.

CLIMENE.

Si mon Berger devient volage,
Il m'eſt permis d'en faire autant.

ON gouſte la douceur d'une amour eternelle,
Quand on fait l'heureux choix d'un fidele
Berger,
Et quand on aime un Infidelle ,
L'on a le plaiſir de changer.

Quoy, l'amour de Tircis ne t'a point attendrie?
Lors qu'on en veut parler tu n'écoutes jamais ?
Ne reſve plus, ou je m'en vais.

CALISTE.

Laiſſe-moy dans ma reſverie.
Ah ! que ſous ce feüillage épais
Il eſt doux de reſver en paix !

CLIMENE.

Je n'entre point dans un myſtere
Que tu veux reſerver;
Mais un cœur ſans affaire
Ne donne point tant à reſver.

SCENE QUATRIESME.

CALISTE.

AH! que ſur noſtre cœur
La ſevere Loy de l'honneur
Prend un cruel empire!
Je ne fais voir que rigueurs pour Tircis,
Et cependant ſenſible à ſes cuiſans ſoucis,
De ſa langueur en ſecret je ſoupire,
Et voudrois bien ſoulager ſon martire;
C'eſt à vous ſeuls que je le dis,
Arbres, n'allez pas le redire.

Puis que le Ciel a voulu nous former
Avec un cœur qu'Amour peut enflamer,
Quelle rigueur impitoyable
Contre des traits ſi doux nous force à nous armer?
Et pourquoy ſans eſtre blâmable
Ne peut-on pas aimer
Ce que l'on trouve aimable?

Helas! petits oyseaux que vous estes heureux
De ne sentir nulle contrainte,
Et de pouvoir suivre sans crainte
Les doux emportements de vos cœurs amoureux!
Mais le sommeil sur ma paupiere
Verse de ses pavots l'agreable fraischeur,
Donnons-nous à luy toute entiere,
Nous n'avons point de loy severe
Qui défende à nos sens d'en goûter la douceur.

La Bergere Caliste s'endort sur un Gazon.

SCENE CINQUIESME.

TIRCIS. LICASTE. MENANDRE. CALISTE.

TIRCIS.

Vers ma belle Ennemie
Portons sans bruit nos pas,
Et ne réveillons pas
Sa rigueur endormie.
TOUS TROIS.
Dormez, dormez beaux yeux adorables vain-
queurs,
Et goûtez le repos que vous ostez aux cœurs.

TIRCIS.

Silence petits oyſeaux,
Vents n'agitez nulle choſe;
Coulez doucement ruiſſeaux,
C'eſt Caliſte qui repoſe.

TOUS TROIS.

Dormez, dormez beaux yeux, &c.

CALISTE s'éveillant.

Ah ! quelle peine extrême !
Suivre par tout mes pas ?

TIRCIS.

Que voulez-vous qu'on ſuive, helas !
Qu'eſt-ce qu'on aime.

CALISTE.

Berger, que voulez-vous ?

TIRCIS.

Mourir belle Bergere,
Mourir à vos genoux,
Et finir ma miſere,
Puis qu'en vain à vos pieds on me void ſoûpirer,
Il y faut expirer.

CALISTE.

Ah ! Tircis, oſtez-vous, j'ay peur que dans ce
 jour
La pitié dans mon cœur n'introduiſe l'amour.

LICASTE, ET MENANDRE.

Soit amour, soit pitié,
Il sied bien d'estre tendre;
C'est par trop vous défendre,
Bergere, il faut se rendre
A sa longue amitié,
Soit amour, soit pitié,
Il sied bien d'estre tendre.

CALISTE.

C'est trop, c'est trop de rigueur
J'ay mal-traité vostre ardeur
Cherissant vostre personne,
Vangez-vous de mon cœur
Tircis, je vous le donne.

TIRCIS.

O Ciel! Bergers! Caliste! ah je suis hors de moy!
Si l'on meurt de plaisir je doy perdre la vie.

LICASTE.

Digne prix de ta foy!

MENANDRE.

O! sort digne d'envie!

SCENE SIXIESME.

FORESTAN, SILVANDRE, CALISTE, TIRCIS.

LICASTE, MENANDRE.

FORESTAN.

Quoy tu me fuis, Ingrate, & Je te vois icy
De ce Berger à moy faire une preference?

SILVANDRE.

Quoy, mes soins n'ont rien pû sur ton indiffe-
rence,
Et pour ce Langoureux ton cœur s'est adoucy?

CALISTE.

Le Destin le veut ainsi,
Prenez tous deux patience.

FORESTAN.

Aux Amants qu'on pousse à bout
L'Amour fait verser des larmes;
Mais ce n'est pas nostre goût,
Et la bouteille a des charmes
Qui nous consolent de tout.

SILVANDRE.

Nostre amour n'a pas toûjours.

Tout

Tout le bonheur qu'il desire :
Mais nous avons un secours,
Et le bon vin nous fait rire
Quand on rit de nos amours.

TOUS.

Champestres Divinitez,
Faunes, Driades, sortez,
De vos paisibles retraites ;
Meslez vos pas à nos sons,
Et tracez sur les herbettes
L'image de nos chansons.

Quatre Faunes sortent avec de petits Tambours, & quatre Driades avec des Festons de fleurs. Ils forment ensemble une Entrée qui finit le premier Acte.

TROISIE'ME ENTRE'E.

Quatre Faunes, quatre Driades.

Fin du premier Acte.

D

ACTE SECOND.

Le Thea-
tre est un
vieux Châ-
teau en
ruïnes.

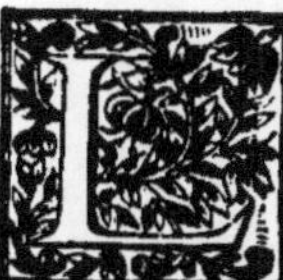

E Theatre change & represente
un vieux Chasteau qui estoit au-
trefois la demeure des Seigneurs
du prochain Village, & qui tom-
be entierement en ruïnes. On y void en plusieurs endroits des Arbres &. des Ronces, &
dans l'enfoncement au travers d'une Arcade
à demy rompuë, on découvre les vestiges de
trois grandes Allées de Cyprés à perte de veuë.

SCENE PREMIERE.

FORESTAN.

JE ne puis souffrir l'outrage
Que Caliste fait à ma foy:
Dans le fonds de mon cœur j'enrage
Qu'elle ayme un Autre que moy.

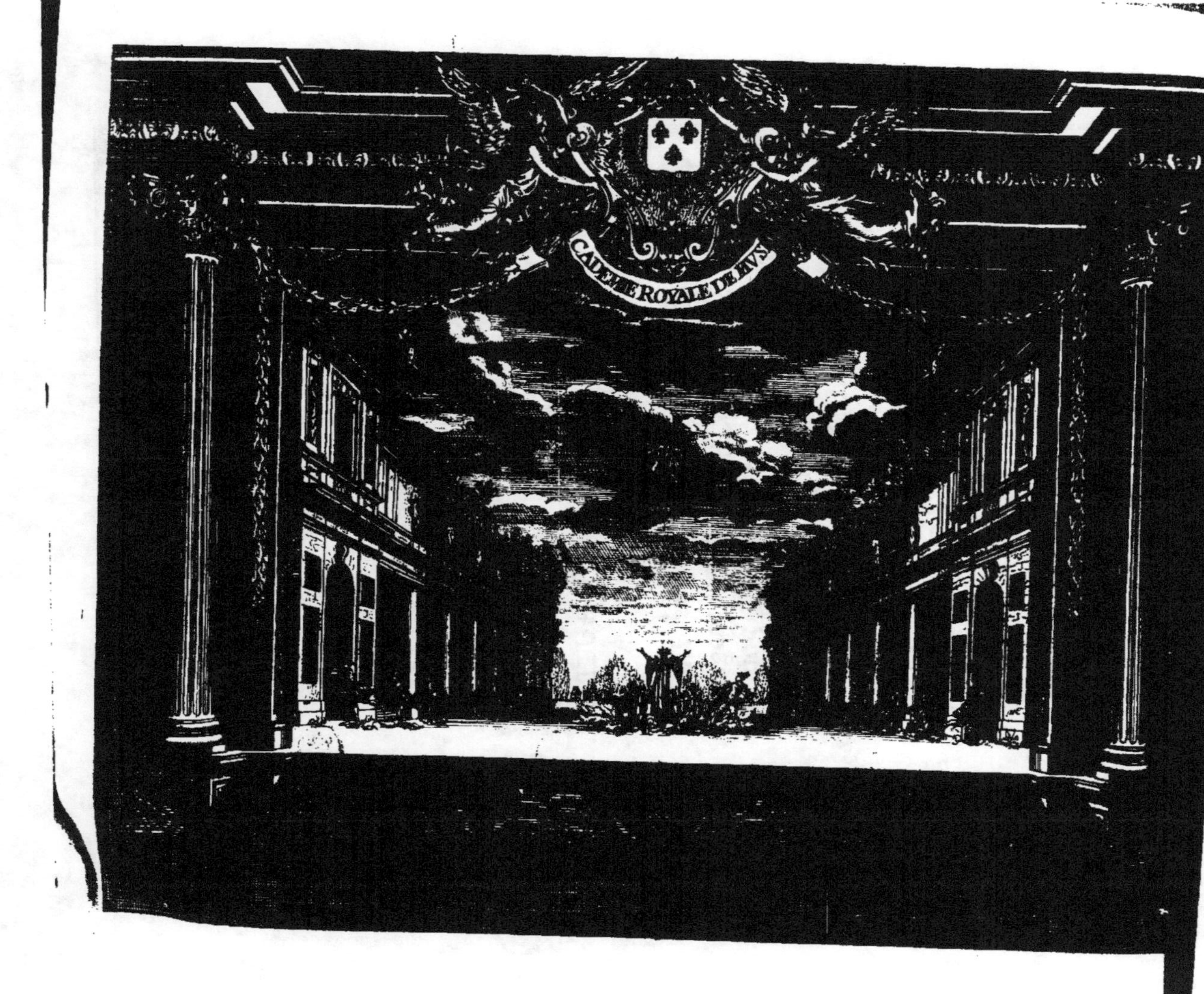

CADEMIE ROYALE DE MVS

Deux Enchanteurs m'ont fait entendre
Qu'ils ont le secret de me rendre
Tel qu'il faut estre pour charmer:
Caliste aura beau s'en défendre,
Je la contraindray de m'aymer.

SCENE DEUXIE'ME.

FORESTAN, DEUX MAGICIENS, TROIS SORCIERES, SIX DEMONS QUI DANCENT, ET SEPT AUTRES DEMONS VOLANTS.

C'Est dans cette Scene que des Lutins déguisez font une Ceremonie magique pour feindre d'embellir Forestan, & pour se mocquer de luy. Deux Magiciens paroissent chacun une baguette à la main, ils frappent la Terre en dançant, & en font sortir six Demons qui se joignent avec eux. Trois Sorcieres sortent aussi de dessous terre, & faisant asseoir Forestan au milieu d'Elles, meslent leurs chants aux dances des Magiciens & des Demons, pour former une maniere d'enchantement.

D ij

QUATRIE'ME ENTRE'E.
DEUX MAGICIENS, SIX DEMONS.

LES TROIS SORCIERES ENSEMBLE.

Deeße des appas
Ne nous refuse pas
La grace qu'implorent nos bouches;
Nous t'en prions par tes rubans,
Par tes boucles de Diamans,
Ton rouge, ta poudre, tes mouches,
Ton masque, ta coëffe, & tes gans.

UNE SORCIERE SEULE.

O Toy ? qui peux rendre agreables
Les visages les plus mal-faits,
Répans, Venus, de tes attraits
Deux ou trois dozes charitables
Sur ce muzeau tondu tout frais.

LES TROIS SORCIERES ENSEMBLE.

Deeße des appas, &c.

Les Demons habillent Forestan d'une maniere bizare & ridicule, & tandis que les Magiciens & Demons dancent, les trois Sorcieres chantent.

Ah qu'il est beau
Le Jouvenceau,
Ah qu'il est beau.
Qu'il va faire mourir de belles :
Auprés de luy les plus cruelles
Ne pourront tenir dans leur peau.
Ah qu'il est beau
Le Jouvenceau,
Ah qu'il est beau !
Ho , ho, ho, ho, ho, ho,

Qu'il est joli !
Gentil, poli !
Qu'il est joli !
Est-il des yeux qu'il ne raviſſe ?
Il paſſe en beauté feu Narciſſe
Qui fut un Blondin accomply.
Qu'il est joli !
Gentil, poli !
Qu'il est joli !
Hi, hi, hi, hi, hi, hi.

LEs trois Sorcieres qui chantent s'en-
foncent dans la Terre , les deux Magiciens & les ſix Demons qui dancent diſpa-
roiſſent, & dans le meſme temps quatre De-

mons qui partent de quatre coſtez differens,
croiſent dans l'air , & trois autres petits Demons qui ſortent de terre , & qui tous trois
enſemble s'élevent en rond , apres avoir fait
trois tours en volant, ſe vont perdre dans les
Nuages au milieu du Theatre.

SCENE TROISIE'ME.

FORESTAN.

QU'un beau Viſage
A d'avantage!
Tout luy rit , tout luy fait la cour.
Que l'on verra dans ce Boccage
De Bergeres mourir d'amour ,
Et de Bergers crever de rage!

SCENE QUATRIE'ME.

SILVANDRE, FORESTAN.

SILVANDRE.

F Oreſtan ? eſt-tu là ?

FORESTAN.
Beau comme je dois eſtre
Il va me voir ſans me conneſtre.

SILVANDRE.

O! Foreſtan? ah! te voila.
Pourquoy t'amuſer de la ſorte?

FORESTAN.
Qu'importe, qu'importe.

SILVANDRE.

Hé quoy! ne veux-tu pas aller
Où nous devons nous aſſembler?
Ton impatience eſt peu forte.

FORESTAN.
Qu'importe, qu'importe.

SILVANDRE.

Veux-tu ſouffrir en ce jour
Que le foible Dieu d'amour
Sur le Dieu du vin l'emporte?

FORESTAN.
Qu'importe, qu'importe.

SILVANDRE.
Allons; c'eſt trop railler.

FORESTAN.
A qui crois-tu parler?

SILVANDRE.

Quel badinage !
Tu n'es pas sage ;
La Feste de Bachus commencera bien-tost.
Allons, sans tarder davantage,
Allons-y boire comme il faut.

Forestan affecte de faire l'agreable, & quitte son ton naturel de basse pour chanter en fausset.

FORESTAN.

Il est bien doux de boire ;
On peut en faire gloire.
Quand on n'a pas dequoy charmer ;
Bachus sçait consoler un Amant miserable ;
Mais quand on est aymable,
Il n'est rien si doux que d'aymer.

SILVANDRE.

Que veux-tu dire ?
D'où vient ce caprice nouveau ?

FORESTAN.

Regarde, considere, admire.
Ah qu'il est beau !
Ho, ho, ho, ho, ho, ho.
Ah qu'il est beau.

SILVANDRE.

SILVANDRE.
Dy-moy donc je te prie
De quelle folle resverie
Ton cerveau s'est remply?

FORESTAN.
Qu'il est joli!
Hi, hi, hi, hi, hi, hi,

SILVANDRE.
Consulte la Fontaine
La plus prochaine,
Mire-toy dans son eau.

Forestan s'approche d'une Fontaine qui paroist au milieu du Theatre, & dans le moment qu'il se baisse pour se regarder dans l'eau, il en sort deux Sirenes qui luy presentent un grand miroir. Forestan s'y void aussi laid qu'il estoit avant la ceremonie magique, & dans la rage qu'il a de la tromperie qu'on luy a faite, il veut frapper de sa Massuë les deux Sirenes qui se mocquent de luy, mais Elles évitent ses coups, en se plongeant & se perdant dans la Fontaine, qui disparoist en un moment.

SILVANDRE.
Ah qu'il est beau! ho, ho, ho, &c.

E

FORESTAN.

Je suis digne de raillerie;
On m'a fait une fourberie,
Mais si je la mets en oubly....
Non, non, les Imposteurs n'auront pas lieu de
rire.

Deux Sorcieres affreuses paroissent aux
deux costez du Theatre, & presentent cha-
cune un miroir à Forestan.

SILVANDRE.

Regarde, considere, admire.

FORESTAN.

Ah! je vais vous payer de m'avoir embelly.

Forestan s'avance vers une des Sorcieres,
& la veut frapper de sa Massuë, mais la Sorciere évite le coup en s'envolant, le Satire
ne frappe que l'air, & sa Massuë luy échappe
des mains. Il court vers l'autre Sorciere,
il l'attrape, mais dans le moment qu'il se
jette sur Elle, & qu'il la tient, il ne luy
demeure entre les mains qu'une figure de Sorciere qui luy fait la grimace, & luy presen-
te un miroir, tandis qu'un petit Lutin qui
estoit enfermé dedans s'envole en se mocquant
du Satire.

SILVANDRE.

Qu'il est joli ! Hi, hi, hi, &c.

FORESTAN.

C'est un tour des Lutins errants dans ce Bocage
Dont il faut que je sois vengé.

SILVANDRE riant.

Hé, hé, hé, hé, hé, hé.

FORESTAN.

Tu ris quand je suis outragé ?

SILVANDRE riant.

Hé, hé, hé, hé, hé, hé.

FORESTAN.

Ne m'insulte point davantage ;
Va rire ailleurs ;
Je suis dans une rage
Qui pourroit bien tourner sur les méchants rail-
leurs.

SILVANDRE.

Amy, me veux-tu croire,
Ne songeons plus qu'à boire ;
Fuyons l'Amour, & le chagrin,
Suivons Bachus, courons au vin.

FORESTAN.

Au vin, au vin, au vin, au vin.

E ij

ENSEMBLE.

Fuyons l'Amour, & le chagrin,
Suivons Bachus, courons au vin.
Au vin, au vin, au vin, au vin.

SCENE CINQUIE'ME.

DAMON, SILVANDRE, FORESTAN.

DAMON.

MA Bergere a changé, je veux changer
comme Elle.

SILVANDRE.

Suy les loix de Bachus, tu t'en trouveras bien.

DAMON.

Heureux qui peut aymer une Beauté fidele!

FORESTAN.

Plus heureux qui peut n'aymer rien.

SILVANDRE.

Viens avec nous goûter la vie;
Quitte une volage Beauté
Comme elle t'a quitté:
Profite de sa perfidie,
Vien joüir de la liberté.

DAMON.

C'eſt pour ſervir Cloris que je quitte Climene,
Et mon cœur ſans aymer ne ſçauroit vivre un
jour;
Qui s'engage une fois peut bien chãger de chaîne,
Mais il eſt mal-aiſé d'échapper à l'Amour.

SILVANDRE.

Sous l'amoureux Empire
On n'eſt point ſans tourment;
Je te plains pauvre Amant,
Languy, gemy, ſoûpire;
Nous allons rire.

SILVANDRE ET FORESTAN.

Fuyons l'Amour, & le chagrin, &c.

SCENE SIXIE'ME.

DAMON, CLIMENE.

DAMON.

MA volage s'avance.

CLIMENE.

Voicy mon infidele Amant.

DAMON, ET CLIMENE.

Vengeons-nous de ſon inconſtance.
O ! la douce vengeance
Qu'un heureux changement !

DAMON.

Quand je plaisois à tes yeux
J'estois content de ma vie,
Et ne voyois Roys ny Dieux
Dont le sort me fit envie.

CLIMENE.

Lors qu'à toute autre personne
Me preferoit ton ardeur,
J'aurois quitté la Couronne
Pour regner dessus ton cœur.

DAMON.

Une autre a guery mon ame,
Des feux que j'avois pour toy.

CLIMENE.

Une autre a vengé ma flame
Des foiblesses de ta foy.

DAMON.

Cloris qu'on vante si fort
M'ayme d'une ardeur fidele,
Si ses yeux vouloient ma mort,
Je mourrois content pour elle.

CLIMENE.

Mirtil si digne d'envie,
Me cherit plus que le jour,
Et moy je perdrois la vie
Pour luy montrer mon amour.

DAMON.

Mais si d'une douce ardeur
Quelque renaissante trace
Chassoit Cloris de mon cœur
Pour te remettre en sa place?

CLIMENE.

Bien qu'avec pleine tendresse
Mirtil me puisse cherir,
Avec toy, je le confesse,
Je voudrois vivre & mourir.

DAMON, ET CLIMENE.

Ah plus que jamais aymons-nous,
Et vivons & mourons en des lieux si doux.

SCENE SEPTIE'ME.

TROUPE DE BERGERS ET DE BERGERES,

DAMON. CLIMENE.

UNe Troupe de Bergers & de Bergeres qui voyent Damon & Climene racommodez en témoignent leur joye.

TROUPE DE BERGERS ET DE BERGERES.

Amants, que vos querelles
Sont aymables & belles;
Qu'on y void succeder
De plaisirs, de tendresse!

Querellez-vous sans cesse
Pour vous racommoder.

SCENE HUITIE'ME.

ARCAS, DAMON, CLIMENE, TROUPE DE BERGERS ET DE BERGERES.

ARCAS.

Venez, que rien ne vous arreste,
 Ne perdez point d'heureux moments;
Venez, venez tous voir la Feste
 Que l'on appreste
A l'honneur du Dieu des Amants;
Les plaisirs où l'Amour convie
Sont les plus charmants de la vie,
Il en faut joüir tant qu'on peut,
On ne les a pas quand on veut.

TOUS ENSEMBLE.

Les plaisirs où l'Amour convie, &c.

Les Bergers & les Bergeres vont ensemble au lieu preparé pour la Feste de l'Amour.

Fin du second Acte.

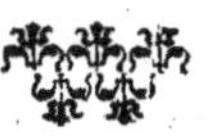

ACTE III.

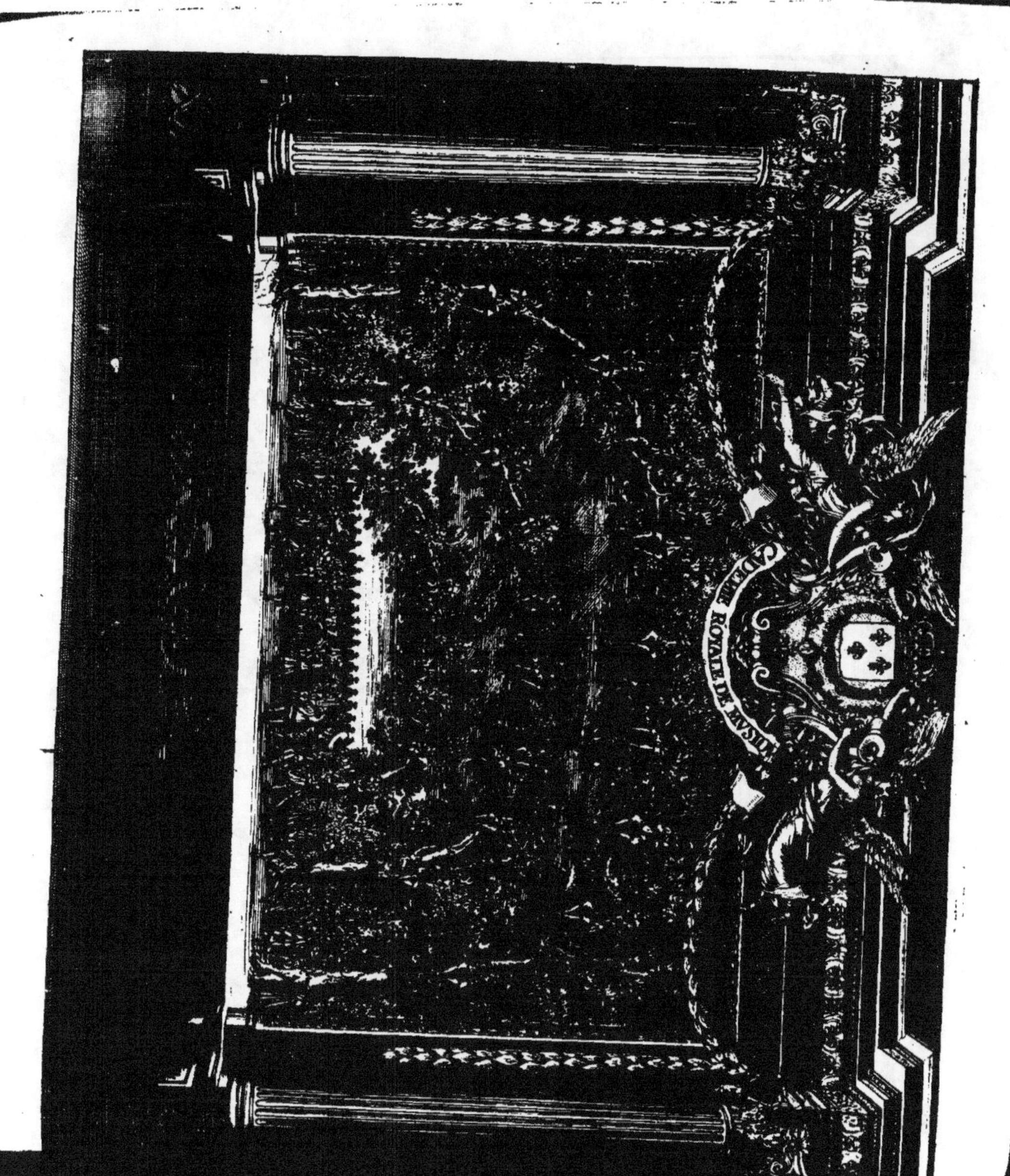

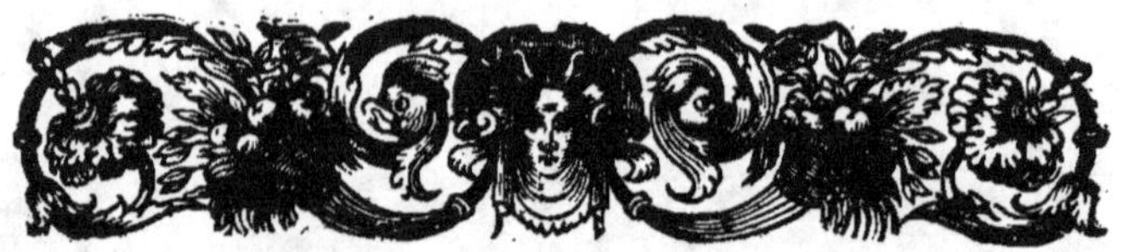

ACTE TROISIEME.

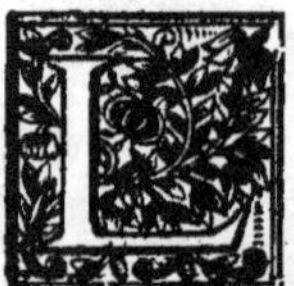E Theatre se change, & repre-
sente une grande Allée d'arbres
d'une extréme hauteur, lesquels
mélent leurs branches les unes
avec les autres, & forment une maniere de
voûte de verdure, où plusieurs Pasteurs joüants
de differents Instruments se trouvent placez ;
Un grand nombre de Bergers & de Bergeres
paroissent sous cette voûte qui commencent la
Feste de l'Amour, par des Chansons où les
Dances se mélent de temps en temps.

Le Thea-
tre est une
Allée d'ar-
bres qui
forment
une voûte
de verdu-
re.

SCENE PREMIERE.

TROUPES DE PASTEURS, DE BERGERS ET BERGERES.

CALISTE.

I *Cy l'ombre des ormeaux*
Donne un teint frais aux herbettes,

F

Et les bords de ces Ruiſſeaux
Brillent de mille fleurettes
Qui ſe mirent dans les eaux.
Prenez, Bergers, vos Muſettes,
Ajuſtez vos Chalumeaux,
Et meſlons nos chanſonnettes
Aux chants des petits Oiſeaux.

CINQUIE'ME ENTRE'E.

QUATRE BERGERS, QUATRE BERGERES.

CLIMENE.

Le Zephire entre ces eaux
Fait mille courſes ſecrettes,
Et les Roſſignols nouveaux
De leurs douces amourettes
Parlent aux tendres rameaux.
Prenez, Bergers, vos Muſettes, &c.

Les Bergers & Bergeres continuënt de mé-
ler les Dances aux Chanſons.

CLORIS.

Ah! qu'il eſt doux belle Silvie
Ah! qu'il eſt doux de s'enflamer!

Il faut retrancher de la vie
Ce qu'on en paſſe ſans aymer.
Ah! qu'il eſt doux, &c.

SILVIE.

Ah! les beaux jours qu'Amour nous donne
Lors que ſa flame unit les Cœurs!
Eſt-il ny gloire ny Couronne
Qui vaille ſes moindres douceurs?
Ah! les beaux jours, &c.

ARCAS.

Qu'avec peu de raiſon on ſe plaint d'un martyre
Que ſuivent de ſi doux plaiſirs!

TIRCIS ET ARCAS.

Un moment de bonheur dans l'amoureux Empire
Repare dix ans de ſoûpirs.

TOUS ENSEMBLE.

Chantons tous de l'Amour le pouvoir adorable,
Chantons tous dans ces lieux
Ses attraits glorieux;
Il eſt le plus aymable
Et le plus grand des Dieux.

L A Perſpective s'ouvre, & laiſſe paroî-tre dans le fond du Theatre une autre maniere de voûte de Treille, ſous laquelle

un Amphi- une multitude de Suivans de Bacchus ſont pla-
Theatre cez, les uns ſur des Tonneaux, & les autres
de Verdu- ſur une eſpece d'Amphitheatre couvert de
re. pampres de vigne, qui tous joüent de differents Inſtruments, tandis que pluſieurs autres
Satires, & Silvains s'avancent au milieu du
Theatre pour interrompre la Feſte de l'Amour,
& pour en celebrer une plus ſolemnelle à la
gloire de Bacchus.

SCENE DEUXIE'ME.

TROUPES DE SATIRES, DE BACCHANTES,
ET DE SILVAINS, joüants de differents
Inſtruments, chantants, & dançants. TROU-
PES DE BERGERS ET DE BERGERES.

SILVANDRE.

ARreſtez, c'eſt trop entreprendre,
Un autre Dieu dont nous ſuivons les loix
S'oppoſe à cet honneur qu'à l'Amour oſe rendre
Vos Muſettes & vos voix;
A des titres ſi beaux Bacchus ſeul peut pretendre,
Et nous ſommes icy pour défendre ſes droits.

CHOEUR DE BACCHUS.

Nous ſuivons de Bacchus le pouvoir adorable
Nous ſuivons en tous lieux
Ses attraits precieux;

Il est le plus aimable
Et le plus grand des Dieux.
Les Suivans de Bacchus qui dancent font
un combat contre les Danceurs du party de
l'Amour, tandis que les Bergers & les Satires disputent en chantant en faveur du Dieu
que chacun veut honorer.

SIXIE'ME·ENTRE'E.

QUATRE SATIRES, QUATRE BACCHANTES.

AMINTE.
C'Est le Printemps qui rend l'ame
A nos champs semez de fleurs;
Et c'est l'Amour & sa flame
Qui font revivre nos cœurs.

FORESTAN.
Le Soleil chasse les ombres,
Dont le Ciel est obscurcy,
Et des ames les plus sombres
Bacchus chasse le soucy.

CHOEUR DE BACCHUS.
Bacchus est reveré sur la Terre & sur l'Onde.

CHOEUR DE L'AMOUR.
Et l'Amour est un Dieu qu'õ revere en tous lieux.

F iij

CHOEUR DE BACCHUS.

Bacchus à son pouvoir a soûmis tout le Monde.

CHOEUR DE L'AMOUR.

Et l'Amour a dompté les Hommes & les Dieux.

CHOEUR DE BACCHUS.

Rien peut-il égaler sa douceur sans seconde ?

CHOEVR DE L'AMOVR.

Rien peut-il égaler ses charmes precieux ?

CHOEVR DE BACCHVS.

Fy de l'Amour & de ses feux.

LE PARTY DE L'AMOVR.

Ah ! quel plaisir d'aymer !

LE PARTY DE BACCHVS.

Ah ! quel plaisir de boire !

LE PARTY DE L'AMOVR.

A qui vit sans amour la vie est sans appas.

LE PARTY DE BACCHVS.

C'est mourir que de vivre & de ne boire pas.

LE PARTY DE L'AMOVR.

Aymables fers !

LE PARTY DE BACCHVS.

Douce Victoire !

LE PARTY DE L'AMOVR.

Ah ! quel plaisir d'aymer !

LE PARTY DE BACCHVS.

Ah ! quel plaisir de boire !

LES DEVX PARTIS ENSEMBLE.
Non , non , c'est un abus
Le plus grand Dieu de tous ,
LE PARTY DE L'AMOVR.
C'est l'Amour.
LE PARTY DE BACCHVS.
C'est Bacchus.

SCENE DERNIERE.

L E Berger Licaste vient se jetter entre les deux Partis qui disputent , & les met d'accord.

LICASTE.

C'est trop, c'est trop, Bergers, hé pourquoy ces
*   débats ?*
Souffrõs qu'en un Party la Raison nous assemble:
L'Amour a des douceurs , Bacchus a des appas,
Ce sont deux Deïtez, qui sont fort bien ensemble,
*   Ne les separons pas.*
LES DEVX CHOEVRS ENSEMBLE.
*   Meslons donc leurs douceurs aymables,*
*   Meslons nos voix dans ces lieux agreables,*
Et faisons repeter aux Echos d'alentour,
Qu'il n'est rien de plus doux que Bacchus &
*   l'Amour.*

Tandis que les Voix & les Inſtruments des
deux Chœurs s'uniſſent , tous les Danceurs
des deux Partis forment enſemble la dernie-
re Entrée , & terminent agreablement les Fê-
tes de l'Amour & de Bacchus.

DERNIERE ENTRE'E.

QUATRE BERGERS, QUATRE BERGERES, QUATRE SATIRES, ET QUATRE BACCHANTES.

Fin du troiſiéme & dernier Acte.

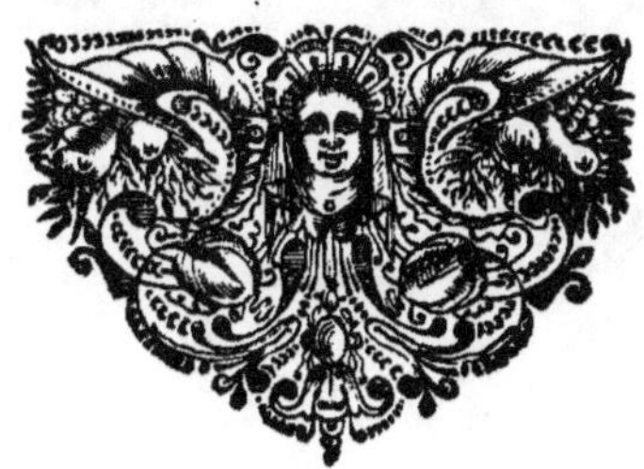

Imprimé aux dépens de l'Academie Royale de Muſique,
par François Muguet Imprimeur du Roy.